Kleine Pilzfibel

von

Christoph Mayr

145 Farbbilder

Dritte, erweiterte und überarbeitete Auflage

VERLAGSANSTALT ATHESIA - BOZEN

Umschlagbild Vorderseite:
Schopf-Tintling - Coprinus comatus

Umschlagbild Rückseite:
Kirschroter Saftling - Hygrocybe coccinea

Alle Aufnahmen vom Verfasser

21.—30. Tausend

1979

Umschlaggestaltung: R. Prünster, Bozen
Fotolithos: O. Longo, Frangart
Gesamtherstellung: ATHESIADRUCK, Bozen
ISBN 88-7014-129-2

So manchem dürften schon im Walde unbekannte Pilze begegnet sein, die durch ihre Eigenart unwillkürliches Interesse erregten. Man bestaunt sie und weiß nicht recht, welcher Gattung sie wohl zugehören könnten. Um weiteren Fragen der Begleiter — Kinder sind da besonders hartnäckig — zu entgehen, apostrophiert man sie rundweg als ungenießbar, oder, wenn einem das Aussehen entsprechend verdächtig erscheint, als giftig. Im Grunde befriedigt einem diese Ausflucht keineswegs und man wäre froh, wüßte man Genaueres.

Das vorliegende Büchlein — als Taschenbuch im Sinne des Wortes — ist als praktischer Begleiter des Waldspaziergängers gedacht und soll bei der Bestimmung einer Reihe von Pilzarten, die in unseren Breiten und vor allem in Südtirol vorkommen, behilflich sein.

Pilze sind wunderliche Vertreter der Pflanzenwelt und haben dem Menschen seit jeher Rätsel aufgegeben. »Die Schwämme seyn weder Kräuter noch Wurzeln, weder Blumen noch Samen, sondern nichts anderes, denn eine überflüssige Feuchtigkeit des Erdreichs, der Bäume, der Höltzer, und anderer fauler Dinge, darum sie auch eine kleine Zeit währen, dann in sieben Tagen wachsen sie, vergehen auch, sonderlich aber kriechen sie herfür, wenn es donnert.« So der Verfasser eines Kräuterbuches aus dem Jahre 1537. Tatsächlich wußte man mit den Pilzen wenig anzufangen, obwohl anzunehmen ist, daß sie schon früh als Nahrungsmittel verwendet wurden. Es wird so manches Opfer gekostet haben, bis man die giftigen Arten zu erkennen vermochte. Verständlich, daß der Aberglaube dabei reichlich Nahrung fand. Vieles über Heil und Unheil der Pilze ist im Volksglauben verwurzelt. Manche Pilzarten wachsen gelegentlich in Kreisen, den sog. Hexenringen. Innerhalb dieser Kreise ist meist jegliches Wachstum erloschen und man vermutete im Volksglauben, daß Hexen beim Tanze das Gras zerstampft hätten. Auch anderem Ungetier, wie dem »fuirigem Alber« im Vinschgau, der durch seinen feurigen Odem das Gras versengte, wurde die Tat zugeschrieben. Über diese Naturerscheinungen haben sich schon viele Forscher den Kopf zerbrochen. Heute hat man eine natürliche Erklärung dafür, wie auch alle übrigen Gebiete der Pilzkunde (Mykologie) weitgehendst erforscht sind. Für den näher Interessierten gibt es eine Vielzahl hervorragender Sachbücher, die ein eingehendes Studium ermöglichen.

Die Pilze sind blütenlose Pflanzen (Krygtogamen) ohne Blattgrün (Chlorophyll) und botanisch den Lagerpflanzen (Thallophyten) zugeordnet. Die eigentliche Pilzpflanze (Myzelium) als Nähr- und Fortpflanzungsorgan lebt in der Humusschicht verborgen. Das, was wir uns als Pilz vorstellen, ist der Fruchtkörper. Als Erzeuger und Träger der samenartigen Sporen sorgt er für den Fortbestand. Die Pilzpflanze besteht aus dünnen Fäden, die sich nach allen Seiten ausbreiten und aus dem Nährboden (Substrat) dem Fruchtkörper organische Stoffe zuführen. Die Ausbreitung dieser Pilzpflanzen ist sehr unterschiedlich. Manche leben auf kleinstem Fleck und andere wiederum durchwuchern weite Flächen. Die Lebensdauer der Pilzpflanzen kann sich bei günstigen Voraussetzungen über Jahrzehnte erstrecken. Dies erklärt auch den Umstand, daß an gewissen Fundstellen, den sog. »Platzln« immer wieder gleiche Pilzarten gefunden werden.

Das Fadengeflecht der Mutterpflanzen verbindet sich leicht mit den Wurzeln anderer Pflanzen und ergänzt sich in dieser Lebensgemeinschaft biologisch auf wertvolle Weise. Schon aus diesem Grunde sind die Pilze von großer ökologischer Bedeutung und verdienen Schutz vor Ausrottung. Südtirol hat zum Schutze der Pilze und der Alpenflora ein eigenes Landesgesetz erlassen und so auf vorbildliche Weise der drohenden Gefahr einer katastrophalen Veränderung unserer Umwelt entgegengewirkt. Die für den Pilzsammler wichtigen Punkte dieses Gesetzes seien hier auszugsweise wiedergegeben: Je Tag und Person dürfen höchstens zwei Kilogramm Pilze, auch wenn es sich um nicht eßbare handelt, gesammelt werden, sofern es der Grundeigentümer nicht untersagt. Werden Personen von den Aufsichtsorganen mit einer größeren Menge Pilze angetroffen, müssen sie eine Verwaltungsstrafe von 10.000 bis 60.000 Lire entrichten und überdies die gesammelten Pilze aushändigen. Die Übertretung der Vorschrift gilt auch als begangen, wenn jemand der Aufforderung der Kontrollorgane zum Öffnen der Taschen und Behälter nicht Folge leistet. In diesem Falle wird eine Verwaltungsstrafe von 60.000 Lire verhängt.

Die Bestimmung wenig geläufiger Pilzarten erfordert große Aufmerksamkeit. Manche Pilze sehen sich sehr ähnlich und es kann bei einer oberflächlichen Beurteilung leicht zu gefährlichen Verwechslungen führen, denn Alter, Bodenbeschaffenheit und Witterungsverhältnisse können das gewohnte Aussehen stark verändern. Nur der Vergleich und die eingehende Prüfung der charakteristischen Merkmale — Hut, Stiel, Lamellen, Geruch und Verfärbung des Fleisches — gibt zuverlässig Aufschluß. Über den Wachstumsprozeß der Pilze gibt es eigentlich keine genauen Erkenntnisse. Die Pilze wachsen über Nacht, ist eine weitverbreitete Annahme. Es muß auch eine Bewandnis damit haben, denn man kann beobachten, daß Pilze von einem Tag auf den anderen »dastehen« und andererseits feststellen, daß ganz kleine Pilze überhaupt nicht mehr weiterwachsen. Sicher sind Temperatur und Feuchtigkeit ausschlaggebend, vielleicht hat der gute Mond auch seine Hand im Spiel.

Fast jede Pilzart hat ihre bevorzugte Bodenbeschaffenheit und Umgebung. Auffällig ist die Baumtreue mancher Pilzarten, deren Mutterpflanzen nur in Ernährungsgemeinschaft mit den betreffenden Baumwurzeln Fruchtkörper bilden. Dieser fruchtbaren Symbiose widerspricht das Schmarotzertum gewisser Pilze, welche den Bäumen ernsthafte Schäden zufügen können. Südtirols klassisches Pilzgebiet ist der Montiggler Wald. Klimatisch bedingt und wegen der Vielfalt des Baumbestandes sind hier praktisch alle Pilze, selbst mediterrane Abarten, vertreten. Leider hat dieses Gebiet die Kehrseite der Zivilisation besonders hart zu spüren bekommen.

Die Züchtung von Speisepilzen ist trotz intensiver Forschung bis heute nur wenigen Arten vorbehalten geblieben. In großem Ausmaße wird der Zuchtchampignon (Agaricus

Die wichtigsten Pilz-Arten

Blätterpilze

Röhrlinge

Porlinge

Stachelpilze

Keulenpilze

Boviste

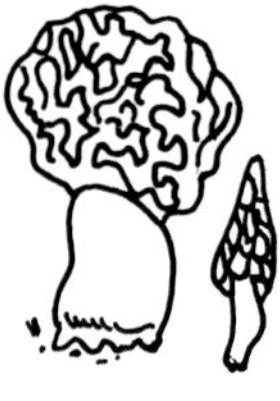
Morcheln

Becherlinge

Trüffel

Schematische Darstellung eines Pilzes mit den wichtigsten Fachausdrücken

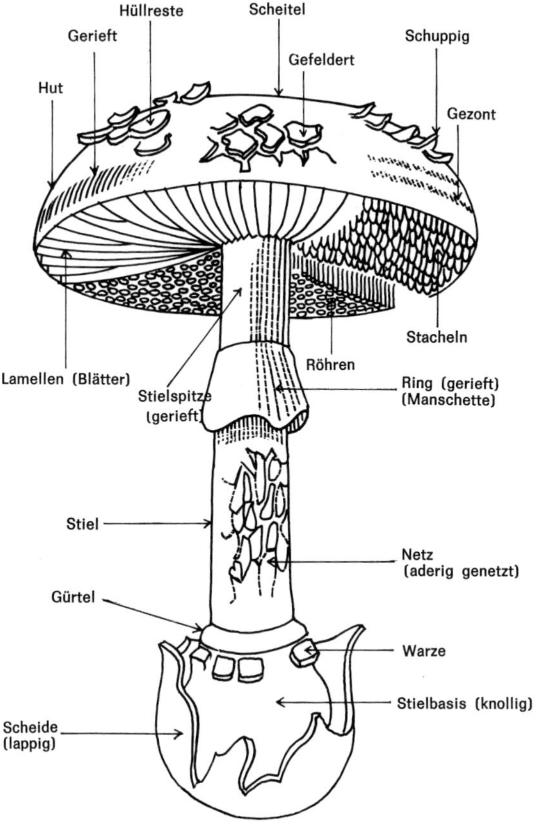

bisporus) kultiviert; in letzter Zeit auch mit gutem Erfolg der Austern-Seitling (Pleurotus ostreatus), siehe Abbildung auf Seite 68.

Der überwiegende Teil der Schwammlfreunde erblickt in der Verwertung der Speisepilze den eigentlichen Sinn und Zweck der Sache. Pilzgerichte sind für den Liebhaber auch wahre Gaumenfreuden. Nur etwas schwer verdaulich sind sie und nicht jeder Organismus reagiert gleich. Die Art der Pilze, die Zubereitung und vor allem die verzehrte Menge können daher zu kleinen Verdauungsstörungen führen. Sofern es sich um einwandfreie Pilze handelt, sind die unerheblichen Beschwerden schnell überwunden und so eine richtige Schwammlmahlzeit ist schon einige Extra-Schnaufer wert.

Durch die Konservierungsmöglichkeit sind die Pilze auch im Winter ein begehrter Speisezusatz. Die einfachste und gebräuchlichste Methode ist das Trocknen der Pilze. Geeignete Pilze werden in feine Scheiben geschnitten und säuberlich auf Papierbogen gelegt. Sorgsam wird der Trockenprozeß verfolgt. Die ausgebreiteten Pilzschnitzel werden mehrfach gewendet und von einer Balkonecke zur anderen gebracht, da die Sonne nicht direkt einwirken soll. Ein unerwarteter Windstoß enthebt manchmal weiterer Pflegesorge des federleichten Trockengutes.

Eine weitere Möglichkeit der Konservierung besteht in der Zubereitung von Pilzpulver. Getrocknete Pilze, auch weniger wertvolle Arten eignen sich dazu, werden zu einer Art Tabak verrieben und als Würzmittel verschiedenster Speisen wirkungsvoll verwendet.

Besonders eifrige und im »Einlegen« erfahrene Vorratsbeschaffer ziehen erst beruhigt in den Winter, wenn im Keller ein Regiment Gläser mit Essigpilzen in Bereitschaft steht. Junge Steinpilze, Buchelen, Nagelen, Morcheln und Lorcheln werden vorher abgekocht und dann in eine mit allerlei Gewürzen abgestimmte Essiglösung gegeben. Durch Sterilisierung werden sie haltbar gemacht. Mit großem Stolze bietet man diese vortrefflichen Pilze auserlesenen Gästen dar und das allseits gespendete Lob

läßt man wohltuend auf sich einwirken. Andere wiederum entsagen solcher Anerkennung und verzehren die Köstlichkeiten selbst.
Beste Konservierungsart, die den Geschmack und die Konsistenz der frischen Pilze weitgehend erhält, ist das Verwahren in der Tiefkühltruhe. Vor dem Einfrieren werden die Pilze abgebrüht, außerdem empfiehlt es sich die Huthaut abzulösen.
Trotz allem sind die mit frischen Pilzen zubereiteten Gerichte unvergleichlich besser. Manche Pilzarten eignen sich vortrefflich zum Panieren und Grillieren. Ein so zubereiteter Parasol- oder Steinpilzhut, oder eine Morchel, ist eine Delikatesse sondergleichen. Meistens werden die Pilze gedünstet, Pfifferlinge ab und zu auch geröstet. Polenta mit Schwammeln, Fastenknödel mit Pfifferlingen sind Leckerbissen der Südtiroler Hausmannskost. Auch zum Wildbret gehören Pilze und über einen gut zubereiteten Schwammlreis braucht man keine weiteren Worte zu verlieren.
Unter dem Motto »was der Bauer nicht kennt«, werden im allgemeinen nur Pfifferlinge, Stein- und Herrenpilze, höchstens Reizker und junge Bärentatzen verwendet. Heute hat sich dies vielfach geändert und es wandern immer mehr Pilzarten, an denen man früher achtlos vorbeiging, in den Kochtopf. Die altbekannten Speisepilze werden auch immer rarer. Man baut auf die erworbenen Sachkenntnisse und vielleicht auch auf den immer besser funktionierenden Rettungsdienst. Letzterem alle Ehre, aber zum eigenen Wohle schreibe sich jeder ins Stammbuch: Manche Pilze enthalten tödliches Gift! Zudem kommt der Umstand, daß eine Pilzvergiftung oft erst nach Tagen feststellbar ist. Nach so langer Zeit ist die Zersetzung des Blutes und die Zerstörung lebenswichtiger Organe so fortgeschritten, daß alles Bemühen der Ärzte ein vergebliches Unterfangen wird. Man verwerte nur Pilze, die man absolut kennt, junge und frische Exemplare und sei in seiner Beurteilung nicht zu selbstsicher. Allerlei Vorbeugungsmittel, wie die Verfärbungsprobe beim Mitkochen eines Silberlöffels oder einer Zwiebel, sind heller Unsinn. Ganz Kluge verlassen

sich, so behaupten sie wenigstens, auf eine Kostprobe an Ort und Stelle. Schmeckt der Pilz bitter, weiß man sogleich, daß er giftig ist. Beim Knollenblätterpilz erst später, aber um so bestimmter.

Die Anzeichen einer Pilzvergiftung sind nach ihrer Ursache unterschiedlich. Bei rasch einsetzender Wirkung ist die Gefahr geringer als bei verzögernd auftretenden Erscheinungen. Bei Magen- und Darmbeschwerden, Schweißausbruch, Hitze- und Schwindelgefühl — sofort den Arzt verständigen. Als erste Selbsthilfe Erbrechen herbeiführen, keinen Alkohol. Da Vergiftungen nicht nur von giftigen Pilzen hervorgerufen werden, sondern auch von verdorbenen Speisepilzen und Pilzgerichten, sollen gesammelte Pilze nicht zu lange, auf keinen Fall in luftundurchlässigen Plastiktaschen, aufbewahrt werden. Auch sollen Pilzgerichte gleich verzehrt und nicht aufgewärmt werden.

Jedes noch so kleines Schwämmchen hat seinen Namen und seinen wissenschaftlichen Steckbrief. Wenig erforscht ist der Pilzsammler, Schwammlsucher besser gesagt, selbst. Je nach Temperament und Ausdauer spannt sich da ein weiter Bogen verschiedenster Spezies. Da ist zunächst der hoffnungslose Fanatiker. Das ganze Jahr über, ja sogar in seinen Träumen, bewegen sich die Gedanken im Reich der Schwämme. Kaum hat der frühjahrswarme Boden den letzten Schnee in sich aufgenommen, naht seine große Zeit. Im Morgengrauen losziehend, durchstreift er mit unstetem Auge den Wald und wirft alles in seinen Korb, was nicht gerade sicheres Gift enthält. Als Gesprächspartner ist er weitum gefürchtet. Sehr gefährlich sind die gruppenweise auftretenden Pilzjäger. Mit Stöcken bewaffnet, durchstochern sie systematisch das Unterholz. Ihnen entgeht schwerlich etwas. Spuren hinterlassen sie wie auf einem Schlachtfeld, denn alles Ungenießbare wird zerschmettert. Besonders den bezaubernden Fliegenpilzen rücken sie arg zu Leibe. Was die wohl verbrochen haben? Dann gibt es noch die weitgereisten Sommerfrischler. Mit großem Zeit- und Personalaufwand, beides kein Problem, wird geerntet. Wie auf dem Dampfer einer Fischfang-

flotte wird die Beute sogleich sortiert, verarbeitet, konserviert und in, ober und unter dem Zimmerschrank bis zum Abtransport verwahrt.
Als Feinmechaniker unter den Pilzsuchern möchte man die Miniaturen-Sammler bezeichnen, die mit scharfem Auge und sicherer Hand Pfifferling-Embryos dem moosigen Boden zu entlocken vermögen. Der Wert der Beute und das Ansehen, das sie unter Zunftgenossen genießen, halten sich die Waage.
Ungefährlich für Wald und Flur ist der meist glücklose Angeber. Wenn unter Gleichgesinnten die Schwammeln im Gespräch sind und behauptet wird, daß zur Zeit einfach nichts zu finden ist, prahlt er mit seinen todsicheren »Platzln«. Keine Seele sei noch dortgewesen und gerade letzthin hätte er die schönsten Pilze zurücklassen müssen, da sein Korb all den Segen nicht aufnehmen konnte. Wenn die wüßten, daß er am Sonntag, mit reichlichem Korbzeug ausgerüstet, den ganzen Tag ergebnislos den Wald abgelaufen ist und in dem unwegsamen Gelände beinahe in Bergnot geraten wäre! Die Handvoll Pfifferlinge und die etwas fragwürdige Bärentatze hätte er in seiner Rocktasche leicht untergebracht.
Der mißtrauische Gelegenheitssammler nimmt nur unfehlbares Schwammlzeug mit sich. Zu Hause angekommen, wird nochmals alles auf seine Richtigkeit geprüft und eventuell verkrochenen Lebewesen nachgespürt. Bei so harter Zensur wandert der Großteil in den Abfalleimer — man kann nie wissen — und den traurigen Rest ereilt schließlich dasselbe Los, denn mit drei—vier Pfifferlingen läßt sich kein Pilzgericht zubereiten.
Da wäre noch die Begegnung im Wald unter Schwammlsuchern zu erwähnen. Jeder fremde Laut wirkt an sich schon störend und man empfindet es als unerhört, daß andere ins Revier gedrungen sind. Wenn es irgendwie geht, vermeidet man die Begegnung, kreuzt man aber schließlich doch den Weg, durchdringen verstohlene Blicke die fremden Taschen. Ist die Beute geringer als die eigene, ist man beruhigt, erspäht man größere Brocken, ist die Stimmung dahin.

Schließlich, und Gott sei Dank, gibt es noch den Schwamml-Romantiker. Er denkt gar nicht an die Beute, viel lieber beobachtet er und ergötzt sich an den wundersamen Geschöpfen des Waldbodens. Zufällig begegnet er einem alten, gutgetarnten Riesenpilz. Etwas in sich zusammengesunken, vom Zahn der Zeit und jenen der Schnecken angenagt, steht er auf altersschwachem Fuße und läßt die durch Äste und Blätter gebrochenen Sonnenstrahlen auf sein feuchtes Pilzhaupt fallen. Wo andere bei solchem Anblick insgeheim mit dem Schicksal hadern, nicht schon früher hier vorbeigekommen zu sein, freut sich der Spaziergänger, daß der Einsiedler der Hetzjagd entgehen konnte, dieser Glückspilz!

Grüner Knollenblätterpilz - Amanita phalloides

Hut: halbkugelig-oval, später verflacht, olivgrün variierend, auch gelblich-bräunlich; samtig, bei feuchtem Wetter klebrig, trocken glänzend, oft mit angehafteten weißen Hüllresten. **Lamellen:** weiß, ungleich lang, gedrängt, frei. **Stiel:** weiß, schlank, flockig, mit großer herabhängender Manschette, die bei älteren Exemplaren bis zur Unkenntlichkeit eintrocknen kann. Base knollig mit weißer, abstehender Scheide. **Fleisch:** weiß, erst fast geruchslos, mit zunehmendem Alter widerlich. **Vorkommen:** Sommer/Herbst, Laubwald, besonders unter Eichen, Kastanien und Haselnußsträuchern; seltener in Nadelwäldern. **Bewertung: tödlich giftig!**

Die Abbildung oben zeigt rechts zwei ausgewachsene Grüne Knollenblätterpilze (Amanita phalloides) in einem fast zitronengelben Farbton; links daneben zwei junge, noch nicht entwickelte Exemplare des Gelben Knollenblätterpilzes (Amanita citrina), die zwei Meter entfernt gewachsen sind. Die Aufnahme soll die Gefährlichkeit der Verwechslung vor Augen halten.

Weißer oder spitzkegeliger Knollenblätterpilz - Amanita virosa

Hut: anfänglich eiförmig, dann spitzkegelig, zuletzt aufgeschirmt und glokkenförmig bleibend; weiß, später in der Mitte gelblich verfärbend, bei feuchtem Wetter etwas schmierig, trocken seidenglänzend. **Lamellen:** weiß, gedrängt, mit flockiger Schneide. **Stiel:** weiß, schlank, sehr hoch, unterhalb der Manschette wollig-schuppig; Manschette dünnhäutig, vergänglich, meist zerrissen. Basisknolle in häutiger, weiter, halbfreier Scheide. **Fleisch:** weiß, weich, unangenehm-modriger Geruch. **Vorkommen:** Frühling/Herbst, in feuchten Laub- und Nadelwäldern, selten. **Bewertung: tödlich giftig!**

Gelber Knollenblätterpilz - Amanita citrina

Hut: rundlich-halbkugelig, später verflacht, zitronengelb, manchmal blaß-ganz weiß. Huthaut leicht klebrig mit unregelmäßigen Flocken. **Lamellen:** weißlich, gedrängt, frei. **Stiel:** weiß, schlank, mit weiter, häutiger Manschette, endet in einer kugelförmigen Knolle mit kantiger Scheide. **Fleisch:** weiß-leicht gelblich, fest, schmeckt nach rohen Kartoffeln. **Vorkommen:** Herbst, in Laub- und Kiefernwäldern. **Bewertung:** früher als giftig gehalten, wertlos.

Kaiserling - Amanita caesarea

Hut: kugelig-eiförmig, später aufgeschirmt, leuchtend orangerot-gelblich. Huthaut leicht klebrig, glänzend, selten mit weißen Hüllresten. **Lamellen:** goldgelb, gedrängt, breit. **Stiel:** gelb, unten verdickt, gelbe Manschette, reinweiße, hohe Scheide. **Fleisch:** weiß, unter der Huthaut gelblich, zart. **Vorkommen:** Sommer/Herbst. Selten. An Wiesenrändern, unter Kastanien- und Eichenbäumen. **Bewertung:** hervorragender, vielleicht edelster Speisepilz.

Fliegenpilz - Amanita muscaria

Fliegenpilz - Amanita muscaria

Die Abbildung oben zeigt eine Fliegenpilz-Familie in der typischen Farbe; das nebenstehende Bild zwei Exemplare in einer selteneren Farbtönung. **Hut:** halbkugelig-aufgeschirmt, leuchtend rot bis orange, feucht, leicht klebrig, mit vielen warzigen Hüllresten bedeckt. **Lamellen:** reinweiß, gedrängt, frei. **Stiel:** weiß, schlank und kräftig, nach oben verjüngt, mit herabhängender, geriefter Manschette. Wulstige, schuppige Knolle. **Fleisch:** weiß, unter der Huthaut leicht gelblich, fast geruchlos. **Vorkommen:** Sommer/ Herbst. Überall. **Bewertung: Giftig.** Gekochte, junge Exemplare werden mancherorts gegessen. Dringend abzuraten.

Orangegelber Fliegenpilz - Amanita muscaria var. aureola

Hut: halbkugelig-aufgeschirmt, glänzend orange; selten mit Hüllresten bedeckt. **Lamellen:** weiß, gedrängt, frei. **Stiel:** weiß, schlank, mit kleiner schuppiger Knolle; hochsitzende Manschette, nach unten etwas gelblich und mit flockigem Rand. **Fleisch:** weiß, unter der Huthaut leicht gelblich, fast geruchlos. **Vorkommen:** Sommer/Herbst, in Nadelwäldern. Selten. **Bewertung:** giftig. Verwechslungsgefahr mit dem Kaiserling (Amanita caesarea).

Fliegenpilz - Amanita muscaria

Die Farbe des Fliegenpilzes kann stark variieren. Neben der charakteristisch scharlachroten Farbe findet man mitunter, meist an Waldrändern, Exemplare mit gelblich-blaßroter Tönung, wie die hier abgebildeten Pilze.

Pantherpilz - Amanita pantherina

Hut: halbkugelig bis aufgeschirmt, graubraun bis schwarzbraun, in der Mitte dunkler, am Rande gerieft, mit weißen, mehligen Hautschuppen bedeckt, glänzend, leicht klebrig. **Lamellen:** weiß, gedrängt, frei. **Stiel:** schlank, glatt, mit tief herabhängender Manschette, in kugeliger Knolle. **Fleisch:** weiß, wenig konsistent, bei jüngeren Exemplaren fast geruchlos. **Bewertung: Sehr giftig!**

Spitzkegeliger Wulstling - Amanita echinocephala

Hut: kugelig, später gewölbt, fleischig, schneeweiß, später schmutzig-braun, mit spitzkegeligen Warzen. **Lamellen:** leicht meergrün, gedrängt. **Stiel:** voll, meist knollig' Manschette weit, abstehend; zerrissene Scheide. **Fleisch:** weiß, leicht grau-bläulich, fast geruchlos. **Vorkommen:** Sommer/Herbst, unter Laub- und Nadelbäumen, an heißen und trockenen Stellen. Selten. **Bewertung:** eßbar, aber wegen Verwechslungsgefahr abzuraten.

Perlpilz - Amanita rubescens

Rechts oben ein junges, noch nicht entwickeltes Exemplar, darunter eine Gruppe ausgewachsener Pilze.
Hut: halbkugelig-gewölbt, dann aufgeschirmt, sand-fleischfarbig bis rötlichbraun, mit weinrötlichen Flecken, helle warzige Hüllreste. **Lamellen:** weiß gedrängt. **Stiel:** fleischfarbig, zur Base hin weinrot, schlank-kräftig, große weiß-rötliche Manschette, keulenförmige Knolle ohne Scheide. **Fleisch:** weiß, verfärbt sich bei Verletzung rötlich, fast geruchlos. **Vorkommen:** Frühling/Herbst, überall. **Bewertung: roh giftig,** gekocht aber ein sehr guter Speisepilz. Vor Verwechslung mit dem Pantherpilz ist jedoch zu warnen!

Scheidenstreifling - Amanita vaginata

Hut: glockig bis abgeflacht, verschiedenfarbig: weißlich bis rostorange, selten mit Hüllresten, mit gerieftem Rand. **Lamellen:** weiß, frei. **Stiel:** schlank, flockig, ohne Manschette, in einer weißen Scheide. **Fleisch:** weiß, zerbrechlich, schmeckt mild. **Vorkommen:** Sommer/Herbst, in Laubwäldern, Wiesen. **Bewertung:** ältere Exemplare **roh giftig,** abgekocht guter Speisepilz. Verwechslungsgefahr.
Die Abbildung rechts oben stellt den Orangebraunen Scheidenstreifling - Amanita crocea - dar; er hat dieselben Verwendungseigenschaften.

Acker-Schirmling - Lepiota excoriata

Hut: anfangs eiförmig, dann gewölbt-abgeflacht, leicht gebuckelt; weißlich, zur Mitte nußbraun, körnig. **Lamellen:** weiß, gedrängt, frei. **Stiel:** zylindrisch, leicht gelblich, unterhalb des freien Ringes strohgelb. **Fleisch:** weiß, angenehmer Geruch. **Vorkommen:** Sommer/Herbst, an Waldrändern, in Feldern. **Bewertung:** ausgezeichneter Speisepilz.

Riesen-Egerling - Psalliota augusta

Hut: fleischig, hell nußbraun, schuppig, sehr groß. **Lamellen:** weißlich bis braun-schwärzlich im Alter, nicht rötend. **Stiel:** hoch, ober dem Ring leicht rosa. **Fleisch:** weiß, rötlich-braun verfärbend. **Vorkommen:** Spätsommer/Herbst, in Nadel- und Laubwäldern. **Bewertung:** vorzüglicher Speisepilz.

Spitzschuppiger Schirmling - Lepiota acutesquamosa

Hut: gewölbt, später abgeflacht, fleischig, nußbraun, von pyramidenförmigen mattbraunen Schuppen bedeckt. **Lamellen:** weiß, gedrängt, frei. **Stiel:** kurz, kräftig, nach unten verdickt, unterhalb des Ringes mit einem seidigen Velum umschlossen. **Fleisch:** weiß, unangenehmer Geruch. **Vorkommen:** Sommer/Herbst, auf feuchtem Humus, Nadelwäldern, Gärten und Obstwiesen. **Bewertung:** schwach giftig, ungenießbar.

Großer Schirmling, Parasol - Lepiota procera

Hut: eiförmig, dann aufgeschirmt, weißlich bis bräunlich, wollig, mit dunkelbraunen, unregelmäßigen Flocken bedeckt. **Lamellen:** gedrängt, unregelmäßig, weiß bis gelblich. **Stiel:** schlank, hohl, faserig. Großer beweglicher Ring, knollige Basis. **Fleisch:** im Hut sehr weich, schmeckt nach Haselnuß. **Vorkommen:** Sommer/Herbst, an grasigen Stellen, Wegränder, Waldlichtungen. **Bewertung:** bekannter und beliebter Speisepilz. Nur der Hut verwendbar.

Hallimasch - Armillariella mellea

Hut: halbkugelig, dann gewölbt und ausgebreitet, mit kleinem Buckel, honiggelb bis schmutzig-braun, in der Hutmitte dunklere, zottige Schüppchen, am Rande gerieft. **Lamellen:** weiß-bräunlich, angewachsen. **Stiel:** braun variierend, an der Basis oft grünlich, knollig verdickt, weißer wattiger Ring. **Fleisch:** weißlich bis hellbräunlich, fast geruchlos, bitter. **Vorkommen:** Herbst, büschelig auf Strünken von Laub- und Nadelholz. Sehr häufig. **Bewertung:** Beliebter Speisepilz, jedoch gut gekocht, nur Hut verwendbar. Holzschädling.

Schopftintling - Coprinus comatus

Hut: walzenförmig-oval, dann glockig, weiß, gegen den Rand bald rosa bis schwarz ausfließend, mit spitzigen, weiß-bräunlichen Schuppen bedeckt, derbhäutiger Schopf. **Lamellen:** zuerst weiß, dann rosa bräunlich, zuletzt tintenschwarz. **Stiel:** weiß, feinfaserig, hohl, flüchtiger, weißer Ring. **Fleisch:** weiß, fein, fast geruchlos. **Vorkommen:** Frühling/Herbst, an Straßenrändern, in Wiesen und Gärten. **Bewertung:** ausgezeichneter Speisepilz, aber nur junge Exemplare, mit noch unverfärbten Lamellen.

Falten-Tintling - Coprinus atramentarius

Hut: eiförmig, oben etwas abgestumpft, dann aufgeschirmt, weißlich bis aschgrau, glänzend. **Lamellen:** gedrängt, frei, zuerst weiß, dann braun bis schwarz zerfließend. **Stiel:** zylindrisch, seidig glänzend. **Fleisch:** grau, später weiß. **Vorkommen:** Frühling, in Gärten, Parkanlagen, unter Obstbäumen. **Bewertung:** junge, unverfärbte Exemplare eßbar, in Verbindung mit Alkoholgenuß jedoch giftig!

Specht-Tintling - Coprinus picaceus

Hut: anfangs eiförmig, später glockenförmig, schokoladebraun, mit weißen Schippen, schwarz zerfließend. **Lamellen:** blaßbraun bis schwarz zerfließend. **Stiel:** lang, aufrecht, ohne Ring, brüchig. **Fleisch:** weißlich, brüchig, unangenehmer Geruch. **Vorkommen:** Sommer/Herbst, auf humusreichem Boden. **Bewertung:** ungenießbar.

Grünspan-Träuschling - Stropharia aeruginosa

Hut: gewölbt-abgeflacht, smaragdgrün bis blaugrünlich, schleimig, jung mit weißen Schuppen bedeckt. **Lamellen:** breit, angewachsen, weißlich, später braun-violett-rötlich. **Stiel:** zylindrisch, hohl, faserig, schuppig, schmierig, mit häutigem Ring. **Fleisch:** weiß, mit Rettichgeruch. **Vorkommen:** Sommer/Herbst, in Wäldern, an Wegrändern. **Bewertung:** eßbar, ohne besonderen Wert.

Feld-Champignon, Wiesen-Egerling - Agaricus campestris (Nebenseite unten)
Hut: halbkugelig, gewölbt bis abgeflacht, mit feinen Schuppen, weißlich, leicht rosa, bräunlich. **Lamellen:** rosa, schokoladebraun bis schwarz. **Stiel:** kurz, oft krumm, mit häutigem, weißem Ring. **Fleisch:** weiß, leicht rosa. **Vorkommen:** Sommer/Herbst, auf Wiesen, Feldern, Pferdeweiden. **Bewertung:** ausgezeichneter Speisepilz.

Karbol-Egerling - Agaricus xanthoderma var. meleagris

Abbildung oben und Nebenseite oben.

Hut: halbkugelig, glockig, später abgeflacht bis aufgeschirmt, auf weißem Grunde mit feinen grau-rußigen Schuppen bedeckt. **Lamellen:** gedrängt, anfangs blaß rosa, später braun-schwarz. **Stiel:** zylindrisch, hohl, mit knolliger Basis, weiß glänzend, bei Bruch sich gelb verfärbend, mit hochsitzendem Ring. **Fleisch:** weiß, an der Basis gelblich, unangenehmer Geruch nach Karbol oder Tinte. **Vorkommen:** Sommer/Herbst, gesellig auf feuchtem Boden. **Bewertung: giftig!**

Ziegelroter Schwefelkopf - Hypholoma sublateritium

Hut: kugelig-halbkugelig, glatt, trocken, in der Mitte ziegelrot, am Rande heller. **Lamellen:** gedrängt, angewachsen, weiß-gelblich, später grau bis schwarz-oliv. **Stiel:** schlank, hohl, braungelblich, am Grunde ziegelrot. **Fleisch:** gelblich, geruchlos, bitter. **Vorkommen:** ganzjährig, auf alten Strünken. **Bewertung:** ungenießbar.

Stockschwämmchen - Pholiota mutabilis

Hut: halbkugelig-gewölbt bis abgeflacht, zimtbraun bei feuchtem Wetter, trocken und im Alter blaß-honiggelb. **Lamellen:** gelblich, später schmutzig-zimtbraun. **Stiel:** blaßbraun, nach unten dunkler, schmächtig, unter dem hautartigen Ring schuppig. **Fleisch:** weißlich, würzig. **Vorkommen:** das ganze Jahr über, büschelig an alten Baumstrünken. **Wert:** ausgezeichneter Speisepilz.

Sparriger Schüppling - Philiota squarrosa

Hut: halbkugelig - flach gewölbt, mit eingerolltem Rand, mit rotbräunlichen, abstehenden Schuppen bedeckt. **Lamellen:** gedrängt, blaßgelb - rostbraun. **Stiel:** unterhalb des Ringes wie Hut geschuppt. **Fleisch:** weißgelb, zäh. **Vorkommen:** Herbst, büschelig am Grund lebender Laubbäume, auf Strünken. **Bewertung:** ledern, ungenießbar. Holzzerstörer.

Reifpilz, Zigeuner - Rozites caperata

Hut: glockig, halbkugelig bis ausgebreitet, Rand eingerissen, gelblich-lederbraun. **Lamellen:** angeheftet, gelblich-ocker. **Stiel:** kräftig, voll, Ring häutig, gerieft. Am Grund knollig verdickt, mit weißem, vergänglichem Velum. **Fleisch:** weißgelblich, weich, angenehmer Geschmack. **Vorkommen:** Sommer/Herbst, meist in sandigen Nadelwäldern, gesellig. **Bewertung:** vorzüglicher Speisepilz.

Prächtiger Klumpfuß - Cortinarius (Phlegmacium) aureoturbinatus

Hut: halbkugelig, flach gewölbt, schleimig-klebrig, orangegolden bis zitronengelb gegen den Rand. **Lamellen:** zitronengelb, später oliv bis rostbraun. **Stiel:** zylindrisch, kräftig, hellgelb bis grünlichgelb, mit braungelber Knolle. **Fleisch:** weißlich bis grünlichgelb. **Vorkommen:** Sommer/Herbst, im Buchenlaub, selten. **Bewertung:** eßbar.

Lila-Dickfuß - Cortinarius traganus

Hut: anfangs kugelig, später gewölbt; lila-violett, blaßt durch Sonnenbestrahlung aus und erhält gelblich-bräunliche Färbung. **Lamellen:** gedrängt, entfernt, safranfarbig, später zimtbraun. **Stiel:** keulenförmig, violett. **Fleisch:** gelb-bräunlich, unangenehmer Geruch nach Azetylen. **Vorkommen:** Sommer/Herbst, in Kiefern- und Mischwäldern. **Bewertung: giftig.**

Blaustiel-Schleimfuß - Cortinarius mucosus var. coeruleipes

Hut: gewölbt-gebuckelt, später aufgeschirmt, schleimig, gelblich-bräunlich. **Lamellen:** blaß bis rostbraun, breit. **Stiel:** blau, an der Basis rötlich, schleimig. **Fleisch:** blaßbraun-violettlich. **Vorkommen:** Herbst, in Nadelwäldern, bes. unter Fichten. **Bewertung:** eßbar.

Geflammter Rötling - Rhodophyllus clypeatus

Hut: fleischig, glockenförmig-ausgebreitet mit Buckel und welligem Rand, erdgrau. **Lamellen:** anfangs weiß, später lachsfarben. **Stiel:** kräftig, zylindrisch, gebogen. **Fleisch:** bräunlich, zart, nach Mehl riechend. **Vorkommen:** Frühjahr/Frühsommer, meist unter Apfel- oder Birnbäumen. **Bewertung:** vorzüglicher Speisepilz.

Grubiger Schleimrübling - Oudemansiella radicata

Hut: schwach gebuckelt, schmierig, runzelig, hell nußbraun. **Lamellen:** breit, entfernt, weiß, manchmal mit braunem Rand. **Stiel:** aufrecht, wurzelnd. **Fleisch:** weiß, zäh. **Vorkommen:** Frühjahr/Herbst, vorwiegend auf Buchenwurzeln. **Bewertung:** wertlos.

Löwengelber Dachpilz - Pluteus leoninus

Hut: glockig-ausgebreitet, dünnfleischig, leicht samtig, lebhaft gelb-orange. **Lamellen:** gedrängt, breit, frei, weiß-blaß rosa. **Stiel:** schlank, brüchig; weißlich, abwärts bräunlich. **Fleisch:** weich, weiß, geruchlos. **Vorkommen:** Sommer, auf Holzstrünken. **Bewertung:** eßbar, aber ohne Bedeutung.

Amethystblauer Lacktrichterling - Laccaria laccata

Hut: amethystblau, bleichend. **Lamellen:** dick, entfernt, amethystblau. **Stiel:** lang, dünn, faserig. **Fleisch:** angenehmer Geschmack und Geruch. **Vorkommen:** Sommer/Herbst, Humusbewohner. **Bewertung:** eßbar, wenig ergiebig.

Spindeliger Rübling - Collybia fusipes

Hut: gewölbt, später ausgebreitet, gebuckelt, lederfarben bis rotbraun. **Lamellen:** entfernt, angewachsen, heller als der Hut. **Stiel:** spindelig, längsgefurcht-grubig, wurzelnd, zugespitzt. **Fleisch:** weiß, zäh. **Vorkommen:** Sommer/Herbst, büschelig unter Laubbäumen. **Bewertung:** eßbar (Hut), aber ohne besonderen Wert.

Breitblättriger Schleimrübling - Collybia platyphylla

Hut: erst gewölbt, später abgeflacht, feucht, grau-bräunlich, faserig-rissig. **Lamellen:** weiß, entfernt, sehr breit. **Stiel:** weißlich, feinfaserig, an der Basis etwas verdickt. **Fleisch:** weißlich, bitter. **Vorkommen:** Sommer/Herbst, an Laubholz und Tannenstümpfen. **Bewertung:** ungenießbar.

Feld- oder Nelkenschwindling - Marasmus oreades

Hut: gewölbt-glockig, meist leicht gebuckelt, hell lederbraun. **Lamellen:** breit, entfernt, mit Zwischenlamellen. **Stiel:** schlank, zylindrisch, an der Basis filzig. **Fleisch:** weißlich, Geruch angenehm. **Vorkommen:** Frühling/Herbst, in Wiesen (Hexenringen). **Bewertung:** als Trockenpilz sehr geeignet.

Ring-Düngerling - Anellaria semiovata (unten links)

Hut: eiförmig gewölbt, blaß lehmbraun. **Lamellen:** breit, grau-schwarz. **Stiel:** schlank, mit hautartigem, abstehendem Ring. **Vorkommen:** Frühling/Herbst, wächst auf Mist. **Bewertung:** wertlos.

Dehnbarer Helmling - Mycena epipterygia (unten rechts)

Hut: glockig-verflacht, schmierig, Rand gerieft, grau-rot bräunlich. **Lamellen:** weiß bis blaßgelb. **Stiel:** glatt, schleimig, zitronengelb, wurzelnd. **Fleisch:** gelblich, zäh. **Vorkommen:** Sommer/Herbst, in moosigen Laub- und Nadelwäldern. **Bewertung:** wertlos.

Maipilz - Tricholoma Georgii (Calocybe gambosa)

Hut: gewölbt bis abgeflacht, oft schief, weißlich bis hell lederfarben. **Lamellen:** frei, schmal, dicht. **Stiel:** kurz, bauchig, gebogen. **Fleisch:** weiß, nach Mehl riechend. **Vorkommen:** Frühjahr/Sommer, auf Wiesen, im Gebüsch. **Bewertung:** ausgezeichneter Speisepilz.

Erd-Ritterling - Tricholoma terreum

Hut: gewölbt, gebuckelt, faserig-schuppig, grau-schwärzlich bis dunkel mausfarben, Rand eingebogen. **Lamellen:** entfernt, grau. **Stiel:** weißlichgrau, dick. **Fleisch:** grau-weißlich, gebrechlich. **Vorkommen:** Sommer/Herbst, vorwiegend in Nadelwäldern. **Bewertung:** vorzüglicher Speisepilz.

Schwarzfaseriger Ritterling, Rußkopf - Tricholoma portentosum

Hut: gewölbt oder glockig, später flachgebuckelt, mit wellig-eingerolltem Rand, klebrig, mit eingewachsenen dunklen Fasern bedeckt, gegen die Mitte fast schwarz. **Lamellen:** breit, leicht gelblich. **Stiel:** dick, weiß, gerieft. **Fleisch:** weiß, fest, dünn im Rand des Hutes. **Vorkommen:** Herbst, in Nadelwäldern. **Bewertung:** ausgezeichneter Speisepilz, Huthaut entfernen.

Wolliger Ritterling - Tricholoma vaccinum

Hut: gewölbt, gebuckelt, eingerollt, filzig-grobschuppig, braun-rotbraun. **Lamellen:** entfernt, angewachsen, weißlich. **Stiel:** zylindrisch, oben weiß, sonst rötlich gefleckt, heller als der Hut, faserig-schuppig. **Fleisch:** blaß, fest, hart. **Vorkommen:** Herbst, in Nadelwäldern. **Bewertung:** eßbar, ohne besonderen Wert.

Violetter Rötel-Ritterling - Lepista nuda

Hut: gewölbt bis flach, schwach schmierig, braunviolett. **Lamellen:** gedrängt dünn, violett. **Stiel:** zylindrisch, voll, faserig, schwach lila-grau bis lila. **Fleisch:** hell violett, zart. **Vorkommen:** Herbst/Winter, besonders in Nadelwäldern. **Bewertung:** guter, schmackhafter Speisepilz.

Felderiger Weich-Ritterling - Melanoleuca evenosa

Hut: flach-gewölbt, glockig, oft gebuckelt, später niedergedrückt, glatt, ocker variierend. **Lamellen:** gedrängt, breit, weißlich. **Stiel:** voll, fest, faserig. **Fleisch:** zart, saftig, Geruch mehlartig. **Vorkommen:** Frühling/Herbst, Bergweiden. **Bewertung:** guter Speisepilz, nicht von allen geschätzt.

Rötlicher Holz-Ritterling - Tricholomopsis rutilans

Hut: flach-gewölbt, fleischig, chromgelb, mit purpurrötlichen Schüppchen und Flecken, Rand abgerundet. **Lamellen:** gedrängt, dünn, gelb. **Stiel:** zylindrisch, häufig gebogen, faserig, oben gelb. **Fleisch:** gelblich, faserig-zäh. **Vorkommen:** Sommer/Herbst, an Nadelholzstrünken. **Bewertung:** eßbar, aber ohne besonderen Wert.

Gelbbräunlicher Trichterling - Clitocybe infundibulbiformis

Hut: trichterförmig, ledergelb. **Lamellen:** gedrängt, weiß, weit herablaufend. **Stiel:** blasser als die Hutfarbe, unten filzig. **Fleisch:** dünn, zäh. **Vorkommen:** Sommer/Herbst, in Nadelwäldern. **Bewertung:** guter Speisepilz.

Nebelgrauer Trichterling, Herbstblattl - Clitocybe nebularis

Hut: gewölbt-gebuckelt, später etwas niedergedrückt, hellgrau, glatt. **Lamellen:** gedrängt, gelblichgrau. **Stiel:** kräftig, an der Basis dicker, hellgrau. **Fleisch:** weißlich, weich, mit leicht süßlichem Geruch. **Vorkommen:** Spätherbst, meist in Nadelwäldern, gesellig. **Bewertung:** eßbar, soll aber lange gekocht werden.

Anis-Trichterling - Clitocybe odora

Hut: abgeflacht, gebuckelt, oft unregelmäßig lappig, grün-blau, ausbleichend. **Lamellen:** etwas herablaufend und entfernt, blasser als Hut. **Stiel:** zylindrisch, leicht schief, unten angeschwollen. **Fleisch:** grünlich, mit starkem Anisgeruch. **Vorkommen**: Sommer/Herbst, in Laub- und Nadelwäldern, gesellig. **Bewertung:** eßbar, wegen seines starken Anisgeruchs von geringem Wert.

Die auf dieser Doppelseite abgebildeten Pilzarten gehören im Volksmund zum Sammelbegriff »Buchelen«. In der Fachliteratur findet man zum Teil stark abweichende Bezeichnungen, so daß es bei der oben abgebildeten Pilzart vorgezogen wurde, nur den wissenschaftlichen Namen anzuführen.

Clitocybe conglobata

Hut: fleischig, gewölbt, sehr unregelmäßig, grau. **Lamellen:** eng, herablaufend, weißlich. **Stiel:** weiß, kurz, stark zusammenwachsend. **Fleisch:** weiß, fest. **Vorkommen:** Herbst, Nadelwälder. **Bewertung:** hervorragender Speisepilz wie die beiden nebenstehenden Arten, mit denen er leicht zu verwechseln ist.

Geselliger Ritterling - Clitocybe cinerascens

Hut: flach gewölbt, buckelig geschweift, graubraun bis gelblichbraun. **Lamellen:** gedrängt, weiß bis graugelb. **Stiel:** schlank, weißgrau, verbogen, an der Basis mit anderen zusammenhängend. **Fleisch:** dünn, zäh, mit schwachem Geruch. **Vorkommen:** Spätsommer/Herbst, büschelig wachsend, in Laub- und Nadelwäldern. **Bewertung:** guter Speisepilz, besonders geeignet zum Einlegen.

Die darunterstehende Abbildung zeigt eine Abart dieser Gattung. Ausgezeichneter Speisepilz.

Geselliger Glöckchen-Nabeling - Xeromphalina campanella

Hut: glockig gewölbt, stark gerieft, Rand wellig, gelblich-rostbraun. **Lamellen:** entfernt, am Stiel herablaufend, blaß gelb bis gelb-rötlich. **Stiel:** rotbraun, oben blasser. **Vorkommen:** Frühjahr/Herbst, gesellig, büschelig auf faulen Strünken. **Bewertung:** wertlos.

Kohlentrichterling - Clitocybe sinopica

Hut: trichterförmig, fuchsig bis rotbraun. **Lamellen:** weiß-hellgelb, dicht, herablaufend. **Stiel:** hutfarbig, in der Mitte etwas dünner. **Fleisch:** weiß, typischer Mehlgeruch. **Vorkommen:** Frühling, in Nadelwäldern. **Bewertung:** eßbar.

Lachs-Reizker - Lactarius salmonicolor

Hut: gewölbt, später abgeflacht, orangegelb, leicht grünlich gezont, Rand eingerollt. **Lamellen:** herablaufend, angewachsen, gelb-orange. **Stiel:** zylindrisch, hohl, orangegelb. **Fleisch:** hellocker, gelb-orangerote Milch. **Vorkommen:** Herbst, in Nadelwäldern. **Bewertung:** eßbar.

Edel-Reizker - Lactarius deliciosus

Hut: gewölbt, in der Mitte niedergedrückt, fleischig, schmutzig orange, gezont. **Lamellen:** dünn, gedrängt, orange, bei Berührung grün anlaufend. **Stiel:** zylindrisch, hohl, hell orange. **Fleisch:** brüchig, innen hell, unter der Huthaut karottenrot. Milch: orangerot. **Vorkommen:** vorwiegend in Föhrenwäldern, in der Nähe von Wacholderstauden. Sommer/Herbst. **Bewertung:** guter Speisepilz.

Lärchen-Reizker - Lactarius porninsis

Hut: gewölbt-tellerförmig, orangerot. **Lamellen:** orange, gedrängt, am Stiel herablaufend. **Stiel:** leicht orangerot, voll, später hohl. **Fleisch:** weiß-orange, mild, mit weißer Milch. **Vorkommen:** Sommer/Herbst, nur unter Lärchen, gesellig. **Bewertung:** nach geeigneter Zubereitung schmackhafter Speisepilz; allgemein abzuraten.

Birken-Reizker - Lactarius torminosus
Beide Abbildungen auf der Nebenseite.

Hut: erst gewölbt, dann abgeflacht, auch niedergedrückt, cremorange bis fleischrosa, mit einem Filz bedeckt, Rand eingerollt, bärtig. **Lamellen:** gedrängt, mit Zwischenlamellen, herablaufend. **Stiel:** weißlich, nach unten leicht verjüngt. **Fleisch:** weißlich, hart, Milch weiß. **Vorkommen:** Sommer/Herbst, unter Birken. **Bewertung: giftig!**

Grünender Pfeffer-Milchling - Lactarius piperatus

Hut: anfangs gewölbt, dann trichterförmig, Rand erst eingerollt, dann wellig verbogen. **Lamellen:** schmal, gedrängt. **Stiel:** kurz, voll, weiß. **Fleisch:** weiß, hart. **Vorkommen:** Sommer/Herbst, gesellig in Laub- und Nadelwäldern. **Bewertung:** wegen des scharfen Geschmackes kaum genießbar.

Milchbrätling, Birnenmilchling - Lactarius volemus

Hut: gewölbt-abgeflacht, orangebraun, trocken, meist etwas rissig. **Lamellen:** gedrängt, herablaufend, oft von eingetrockneten Milchtropfen braungefleckt. **Stiel:** fleischig, glatt, hell orangebraun, oben weißbereift. **Fleisch:** weißlich, später bräunlich; Geruch heringsartig. **Vorkommen:** Sommer, Laub- und Nadelwälder. **Bewertung:** geschätzter Speisepilz, besonders in der Pfanne gebraten.

Grubiger Milchling - Lactarius scrobiculatus

Hut: groß, flach-gewölbt, später ausgebreitet, niedergedrückt, gelbrötlich, am Rande leicht gezont. **Lamellen:** gedrängt, mit Zwischenlamellen, schwach gelblich. **Stiel:** zylindrisch, hart, mit gelb-rötlichen Gruben. **Fleisch:** weiß, verfärbt sich gelb, fest. **Vorkommen:** Sommer/Herbst, in Bergnadelwäldern, häufig. **Bewertung: giftig!**

Gold-Täubling - Russula aurata

Hut: fleischig, fest, gewölbt, unregelmäßig ausgebreitet, orangerot, geflammt mit orangegelb, Rand im Alter leicht gestreift. **Lamellen:** gedrängt, breit zitronengelb-chromgelb. **Stiel:** kurz, dick, hart, weiß bis gelblich. **Fleisch:** weiß, unter der Huthaut gelb, fest. **Vorkommen:** Sommer/Herbst, in Laub- und Nadelwäldern. **Bewertung:** vorzüglicher Speisepilz.

Blut-Täubling - Russula sanguinea

Hut: gewölbt bis schwach-niedergedrückt, scharlachrot-rosa, leicht glänzend. **Lamellen:** entfernt, herablaufend, weiß. **Stiel:** voll, fest, rosa-schwach scharlachrot gefärbt. **Fleisch:** weiß, fest, Geschmack scharf, bitter. **Vorkommen:** Spätsommer/Herbst, meist in Kiefernwäldern. **Bewertung:** ungenießbar, leicht giftig.

Frauen-Täubling - Russula cyanoxantha

Hut: halbkugelig, gewölbt, später abgeflacht-niedergedrückt, in der Farbe variierend, olivgrün, violett mit rötlichen und bläulichen Tönen. **Lamellen:** gedrängt, gegabelt, weiß. **Stiel:** fleischig, zylindrisch, weiß, oft mit schwach violett-rötlichen Tönen. **Fleisch:** weiß, fest, mild. **Vorkommen:** Sommer/Herbst, in Nadel- und Laubwäldern. **Bewertung:** ausgezeichneter Speisepilz.

Stachelbeer-Täubling - Russula queletii

Hut: fleischig, gewölbt, dann ausgebreitet, oft schwach gebuckelt, weinrot-wäßrig lila. **Lamellen:** gedrängt, später entfernt, weiß. **Stiel:** voll, zylindrisch, ganz oder teilweise in blassem Weinrot gefärbt. **Fleisch:** weiß, unter der Huthaut hellrot, Geschmack scharf. **Vorkommen:** Spätherbst, im Nadelwald häufig. **Bewertung:** wertlos.

Stink-Täubling - Russula foetens

Hut: halbkugelig, später gewölbt-ausgebreitet, unregelmäßig wellig, gelblich bis dattelbraun. **Lamellen:** gedrängt, später entfernt, schmutzigweiß, mit Tropfen. **Stiel:** kräftig, oft unregelmäßig. **Fleisch:** weiß, hart, brüchig, mit unangenehmem Geruch. **Vorkommen:** Sommer/Herbst, in feuchten Wäldern. **Bewertung: giftig!**

Gefelderter Grüntäubling - Russula virescens

Hut: halbkugelig, später abgeflacht, oft unregelmäßig höckerig, fleischig, rissig-felderig, grünspanig. **Lamellen:** gedrängt, weißlich, spröde. **Stiel:** kurz, zylindrisch, runzelig, weiß. **Fleisch:** hart, fest, mild. **Vorkommen:** Frühling/Herbst, vorwiegend in Laubwäldern. **Bewertung:** ausgezeichneter Speisepilz.

Märzschneckling, Märzellerling - Hygrophorus marzuolus

Hut: gewölbt-abgeflacht, weißlich bis metallgrau, Rand wellig. **Lamellen:** weiß, leicht grau, entfernt, herablaufend. **Fleisch:** weiß, zart, milder Geschmack. **Vorkommen:** Vorfrühling, unter Nadel- und Laubbäumen, in Gruppen, meist unter Laub verborgen. **Bewertung:** hervorragender Speisepilz.

Kirschroter Saftling - Hygrocybe coccinea

Hut: halbkugelig, gewölbt, kegelförmig, kirsch-blutrot. **Lamellen:** rot-gelblich, entfernt, mit einigen Zwischenlamellen. **Stiel:** hohl, rot-orangegelb. **Vorkommen:** Herbst, in feuchten Wiesen. **Bewertung:** eßbar.

Größter Saftling - Hygrophorus puniceus

Hut: glockenförmig, dann gewölbt, scharlachrot, stellenweise verblichen, Rand leicht eingebogen. **Lamellen:** entfernt, gelblich oder rötlich. **Stiel:** dick, hohl, faserig-gerieft, am Grunde weiß. **Fleisch:** weiß-rötlich, fast geruchlos. **Vorkommen:** Spätsommer/Herbst, auf Bergwiesen. **Bewertung:** guter Speisepilz.

Pfifferling, Eierschwamm - Cantharellus cibarius

Hut: dickfleischig, fest, anfangs gewölbt, dann ausgebreitet und vertieft, glatt, wellig, Rand unregelmäßig. **Lamellen:** leistenförmig, stark herablaufend, dem Hut gleichfarbig. **Stiel:** abwärts verjüngt. **Fleisch:** weiß, gegen den Rand gelblich, mit pfefferartigem Geschmack. **Vorkommen:** Frühling/Herbst, in Laub- und Nadelwäldern. **Bewertung:** beliebter und schmackhafter Speisepilz.

Gelbe Kraterelle, Herrennagele - Cantharellus lutescens

Hut: kraus, flatterig, in der Mitte hohl, später trichterförmig. Oberseite braun-schwärzlich, Unterseite orangerosa. **Leisten:** verzweigte Adern, lachsfarben-orangegelb. **Stiel:** hohl, glatt, oft flachgedrückt, goldgelb. **Fleisch:** dünn, leicht gelblich. **Vorkommen:** Spätsommer/Herbst, an feuchten Stellen in Bergnadelwäldern. **Bewertung:** guter, schmackhafter Speisepilz, etwas zäh, zum Trocknen (Pulver) sehr geeignet.

Trompeten-Pfifferling - Cantharellus tubaeformis

Hut: tellerförmig, am Rand wellig gelappt oder gekerbt, braungelb, Unterseite graugelb. **Hymenium:** leistenförmig, graugelb, herablaufend. **Stiel:** graugelb, unten gelb, zugespitzt, hohl, zusammengedrückt. **Fleisch,** gelblich, zäh. **Vorkommen:** Sommer/Herbst, in Nadelwäldern. **Bewertung:** eßbar.

Schweinsohr, Purpur-Leistling - Gomphus clavatus

Fruchtkörper: keulenförmig, fleischig, oben abgestutzt, ocker bis gelblich; Außenseite leistenförmig-aderig, rötlich-violett. **Fleisch:** weiß, weich, schwacher, angenehmer Geruch. **Vorkommen:** Spätsommer/Herbst, in Nadel- und Mischwäldern. **Bewertung:** ausgezeichneter Speisepilz.

Füllhorn, Totentrompete - Cantharellus cornucopioides

Fruchtkörper: trichterförmig, schwarzbraun-grau, bei feuchtem Wetter dunkler, Unterseite aschgrau, grau-bläulich, faserig-runzelig. **Fleisch:** dünn, grauschwärzlich. **Vorkommen:** Sommer/Herbst, in Laubwäldern, gesellig, oft massenweise. **Bewertung:** guter Speisepilz, zum Trocknen geeignet.

Austern-Seitling - Pleurotus ostreatus

Hut: muschelförmig mit eingerolltem Rand, fleischig, Farbe variierend von grünlich-grau bis schwarz-violett. **Lamellen:** gedrängt, herablaufend, weiß. **Stiel:** kurz, voll, exzentrisch, weißlich. **Fleisch:** weiß, weich, zäh. **Vorkommen:** auf Strünken von Laubbäumen. Unsere Abbildung rechts oben zeigt kultivierte und darunter freiwachsende Exemplare. **Bewertung:** guter Speisepilz.

Netzstieliger Hexen-Röhrling - Boletus luridus

Hut: halbkugelig bis gewölbt, fein filzig, in der Farbe variierend, olivgelb bis rötlich, grau bis braun. **Röhren:** frei, gelb, später grünlich, bei Berührung blau verfärbend. **Stiel:** voll, dick, gelblich, besonders zur Basis grob rotnetzig. **Fleisch:** fest, an Bruchstellen blaugrün verfärbend. **Vorkommen:** Sommer/Herbst, in Laub- und Nadelwäldern, an Wiesenrändern. **Bewertung:** gekocht eßbar.

Steinpilz, Herrenpilz - Boletus edulis

Hut: halbkugelförmig-gewölbt; später niedergedrückt und am Rande leicht aufgewölbt, trocken bis feucht-klebrig, hellbraun. **Röhren:** vom Stiel abstehend, lang, fast frei, weiß, dann gelblich. **Stiel:** keulenförmig oder in der Mitte verdickt, blaß, später hell bräunlich, im oberen Teil mit feinmaschigem, weißem Nezt. **Fleisch:** weiß, unter der Oberhaut schwach bräunlich, anfangs fest, später schwammig. **Vorkommen:** Sommer/Herbst, in Laub- und Nadelwäldern. **Bewertung:** ausgezeichneter Speisepilz.

Kiefern-Steinpilz - Boletus pinicula

Hut: halbkugelig-gewölbt, regelmäßig, braunrot. **Röhren:** weiß, dann gelblich. **Stiel:** dick, hart, netzig, rötlich, braun-gelblich. **Fleisch:** weiß, fest. **Vorkommen** Frühling/Herbst, in Nadel- und Laubwäldern. **Bewertung:** hervorragender Speisepilz.

Satanspilz - Boletus satanas

Hut: kugelig, gewölbt bis ausgebreitet, fleischig, anfangs weiß, dann grau bis fleckig olivbraun; Rand nach innen eingerollt. **Röhren:** lang, zuerst gelb, bald rot-orange. **Stiel:** kurz, fleischig, unten stark verdickt, feinnetzig, in der Mitte rot-violett. **Fleisch:** weißlich-gelb, blauend. **Vorkommen:** Frühling/Sommer, in Laubwäldern. **Bewertung: giftig!**

Gallenröhrling - Boletus (Tylopilus) felleus

Hut: halbkugelig bis gewölbt-ausgebreitet, glatt, honiggelb, schwach filzig. **Röhren:** anfangs weiß, später rosa. **Stiel:** dem Hut gleichfarbig, mit dunklerem, großmaschigem Netz. **Fleisch:** weiß, weich, im Bruch schwach rosa, sehr bitter. **Vorkommen:** Sommer/Herbst, in Laub- und Nadelwäldern. **Bewertung:** ungenießbar, wegen des bitteren Fleisches.

Butterpilz - Suillus luteus

Hut: gewölbt-ausgebreitet, hellbraun bis schokoladebraun, schleimig. **Röhren:** lang, angewachsen, goldgelb, anfangs mit weißem Hautschleier bedeckt. **Stiel:** oberhalb des häutigen braun-violetten Ringes schmutziggelb, darunter bräunlich. **Fleisch:** blaßgelb, weich. **Vorkommen:** Sommer/Herbst, in Föhrenwäldern, an Waldrändern und Weiden. **Bewertung:** guter Speisepilz.

Rostroter Lärchen-Röhrling - Suillus tridentinus

Hut: gewölbt, etwas abgeflacht, zimtbräunlich, Oberfläche leicht runzelig, Rand eingerollt. **Röhren:** lang, angewachsen, orangerot. **Stiel:** voll, meist gebogen, an der Basis etwas verdickt. **Fleisch:** gelb, fest. **Vorkommen:** Sommer/Herbst, unter Lärchen. **Bewertung:** eßbar.

Rotkappe, Kapuziner-Röhrling - Boletus (Leccinum) rufus

Hut: rund, halbkugelig, regelmäßig, orange bis ziegelrot. **Röhren:** lang, fast frei, anfangs weißlich, später braungrau-oliv. **Stiel:** fest, voll, lang, mit bräunlichen Schuppen bedeckt. **Fleisch:** fest, schwärzend. **Vorkommen:** Sommer/Herbst, häufig unter Pappeln und Birken. **Bewertung:** eßbar, schmackhaft, verfärbt sich beim Kochen schwarz.

Rotfuß-Röhrling - Boletus (Xerocomus) chrysenteron

Hut: halbkugelig, dann flach gewölbt, fein filzig, bräunlich-oliv, an den Rändern und in den Rissen kirschrot. **Röhren:** olivgelblich, schwach blauend. **Stiel:** kurz, meist verbogen, gelb-bräunlich, nach oben rötlich. **Fleisch:** gelblich, unter der Huthaut rot. **Vorkommen:** Sommer/Herbst, in Nadel- und Laubwäldern. **Bewertung:** jung eßbar, ohne besonderen Wert.

Birkenpilz - Leccinum scabrum

Hut: gewölbt, grau-, rötlich- bis dunkelbraun. **Röhren:** lang, erst weiß, später grau, vom Stiel getrennt. **Stiel:** schlank, aufwärts verjüngt, etwas gefurcht, mit schwärzlichen Schuppen bedeckt. **Fleisch:** weißlich, leicht grau, weich. **Vorkommen:** Sommer/Herbst, im Laubwald, besonders unter Birken. **Bewertung:** guter Speisepilz, Fleisch verfärbt sich beim Kochen schwarz.

Körnchenröhrling, Schmerling - Boletus (Suillus) granulatus
Hut: anfangs halbkugelig, dann schwach gebuckelt bis ausgebreitet, schmierig, braungelb; Rand erst eingerollt, später gerade. **Röhren:** anfangs gelb, später oliv, kurz, mit milchigen Tröpfchen. **Stiel:** blaßgelb, feinkörnig punktiert. **Fleisch:** gelblich, zart. **Vorkommen:** Sommer/Herbst. in Föhrenwäldern. **Bewertung:** guter Speisepilz.

Sandröhrling - Boletus (Suillus) variegatus
Hut: halbkugelig mit eingerolltem Rand, später gewölbt bis ausgebreitet, filzig, gelb-ockerlich. **Röhren:** gelb-olivlich, angewachsen. **Stiel:** gelb bis bräunlich, etwas körnig. **Fleisch:** rotgelblich, fest, schwach blauend. **Vorkommen:** Sommer/Herbst, in Nadelwäldern. **Bewertung:** jung als Mischpilz verwendbar.

Ziegenlippe - Boletus (xerocomus) subtormentosus

Hut: halbkugelig-gewölbt, fleischig, filzig, oliv bis gelbocker. **Röhren:** angewachsen, gelb. **Stiel:** kurz, oben mit grobem Netz. **Fleisch:** weißgelb, schwach blauend, im Stiel deutlich gelb. **Vorkommen:** Sommer/Herbst, an grasigen Stellen in Laub- und Nadelwäldern. **Bewertung:** eßbarer, aber nicht besonders geschätzter Speisepilz.

Kuhröhrling - Boletus bovinus

Hut: unregelmäßig gewölbt, klebrig-glänzend, lederbraun, lehmfarbig, Rand spitzig, wellig verbogen. **Röhren:** kurz, weit, angewachsen, herablaufend; anfangs gleichfarbig wie Hut, später olivbraun. **Stiel:** voll, etwas verbogen, am Grunde flockig. **Fleisch:** hellgelb, weich, bitter. **Vorkommen:** Sommer/Herbst, in Föhrenwäldern, häufig. **Bewertung:** eßbar, aber nicht sehr schmackhaft.

Goldröhrling - Suillus grevillei
Nebenseite unten, beide Exemplare links.
Hut: gewölbt, später abgeflacht, schleimig, erst bräunlich-orange, dann eigelb-zitronengelb, Rand eingerollt, mit hellgelben Velumresten. **Röhren:** gelb. **Stiel:** fleischig, schlank, mit hautartigem, weißgelbem Ring, braungelb, etwas körnig. **Fleisch:** rötlich gelb. **Vorkommen:** Frühling/Herbst, unter Lärchen. **Bewertung:** guter Speisepilz.

Hohlfuß-Röhrling - Boletus cavipes
Nebenstehende Abbildung, die beiden Exemplare rechts.
Hut: kegelig-gewölbt, trocken, filzig, in der Mitte schuppig, Rand eingerollt, jung mit Velumresten behangen, zitronengelb bis rostrot. **Röhren:** kurz angewachsen, aderig, netzig. **Stiel:** zylindrisch, hohl, schuppig, nach unten hutfarbig. **Fleisch:** gelblich, weich. **Vorkommen:** Sommer/Herbst, Nadelwald, häufig. **Bewertung:** eßbar, ohne besonderen Wert.

Flockenstieliger Strubbelkopfröhrling - Strobilomyces floccopus

Hut: kugelig, später gewölbt bis ausgebreitet, mit großen grau-schwarzen Schuppen bedeckt. **Röhren:** weißlich-grau, lang, angewachsen. **Stiel:** grauschwärzlich, zylindrisch, lang, faserig, wollig-filzig. **Fleisch:** lederig, rötend bis schwärzend. **Vorkommen:** Sommer/Herbst, in Laubwäldern, selten. **Bewertung:** ungenießbar.

Kahler Krempling - Paxillus involutus

Hut: flach gewölbt, später ausgebreitet bis trichterig, stark eingerollt, filzig, gelblich, oliv-bräunlich. **Lamellen:** gelblich-schmutzigbraun, schmal, herablaufend. **Stiel:** kurz, oft schief, von der Farbe des Hutes. **Fleisch:** gelblich, später braun. **Vorkommen:** Sommer/Spätherbst, in Wäldern, an grasigen Stellen. **Bewertung:** Roh giftig, gekocht mit Vorbehalt eßbar.

Semmelporling - Albatrellus confluens

Hut: dickfleischig, unregelmäßig, dachziegelförmig zusammenwachsend, Rand unregelmäßig gelappt, blaß gelb bis rötlich gelb. **Vorkommen:** Sommer/Herbst, in Laub- und Nadelwäldern, häufig. **Bewertung:** guter Speisepilz (junge Exemplare), eignet sich mehr zum Einlegen als zum Frischgenuß.

Schafporling - Albatrellus ovinus

Hut: unregelmäßig buckelig-gewölbt, weiß mit zitronengelben Flecken. **Röhren:** herablaufend, kurz, weiß-gelblich. **Stiel:** kurz, dick, meist exzentrisch. **Fleisch:** weiß, später gelblich, brüchig, mit Mandelgeruch. **Vorkommen:** Sommer/Herbst, in Nadelwäldern im Gebirge. **Bewertung:** jung eßbar.

Habichtspilz, Hirschling - Sarcodon imbricatum

Hut: gewölbt, abgeflacht, oft in der Mitte niedergedrückt mit eingerolltem Rande, Oberfläche mit sparrigen, konzentrisch angeordneten Schuppen bedeckt, gelbbraun bis rußigbraun, Schuppen dunkler. **Stacheln:** gedrängt, weißlich bis graubraun. **Stiel:** kurz, dick, blaßbraun. **Fleisch:** fest, zäh, schmutzigweiß. **Vorkommen:** Sommer/Herbst, in Nadelwäldern. **Bewertung:** als Gewürzpilz verwertbar.

Birkenschwamm - Piptoporus betulinus

Hut: Oberseite gewölbt, Unterseite konkav, etwas rissig, weißlich, grau bis braun-rötlich, Rand eingerollt. **Fleisch:** korkartig-holzig. **Vorkommen:** Sommer/Herbst, auf Birken. **Bewertung:** heute ohne Bedeutung, früher als Wundheilmittel verwendet.

Kamm-Porling - Albatrellus cristatus

Hut: fächerförmig, lappig, eingerollt, bräunlich-gelb bis gelb-grünlich, feinfilzig, etwas rissig. **Röhren:** weiß, herablaufend. **Stiel:** weißlich - grünlich, kurz. **Fleisch:** weiß, später grünlich, brüchig. **Vorkommen:** Sommer/Herbst, in Laub- und Nadelwäldern, auf Holzresten. **Bewertung:** ungenießbar.

Anis-Sägeblättling - Lentinus lepideus (oben links)

Hut: fleischig-schwammig, unregelmäßig gewölbt, weißlich, mit blaß bräunlichen Schuppen. **Lamellen:** stark entfernt breit. **Stiel:** kurz, schuppig, wurzelnd. **Fleisch:** sehr zäh, hart. **Vorkommen:** auf Nadelholzstrünken. **Bewertung:** wertlos.

Stäubender Zwitterling - Nyctalis (Asterophora) lycoperdoides

Wächst parasitisch auf halbverfaulten oder faulen Milchlingen, besonders auf Schwarztäublingen. **Vorkommen:** Sommer/Herbst. **Bewertung:** Wertlos.

Schwefelporling - Laetiporus sulphureus

Fruchtkörper: groß und dickfleischig, konsolenförmig, meist dachziegelartig übereinander angeordnet, gelb, orange, zitronengelb. **Vorkommen:** Sommer/Herbst, auf Laub- und Nadelbäumen. **Bewertung:** jung eßbar, von geringem Wert.

Braunporling - Polyporus schweinitzii

Hut: kreiselförmig, konsolig, buckelig, filzig, rostbraun, am Rande schwefelgelb. **Poren:** schwefelgelb, später rostbraun, grob. **Fleisch:** korkartig-faserig. **Vorkommen:** Am Fuße von Kiefern oder vergrabenen Wurzeln. **Bewertung:** ungenießbar.

Rotbrauner Korkstacheling - Calodon ferrugineum

Hut: weiß, später rötlich, sondert blutrote Tropfen ab. **Stacheln:** weiß, später bräunlich, fein, herablaufend. **Stiel:** kurz, schwammig. **Fleisch:** korkig. **Vorkommen:** Sommer/Herbst, in Nadelwäldern. **Bewertung:** ungenießbar.

Schmetterlingsporling - Trametes versicolor

Hut: dachziegelig oder rosettig, verschiedenfarbig, gezont, seidig, ungestielt. **Poren:** weiß bis gelblich. **Fleisch:** weiß, lederig. **Vorkommen:** das ganze Jahr, auf Laubbaum-Strünken. **Bewertung:** wertlos.

Lärchen-Baumschwamm - Polyporus (fomes) officinalis

Hut: kugelig, später hufförmig, unregelmäßig gefurcht, gelb, weiß, grau, grünlich gefärbt, kann sehr groß werden. **Vorkommen:** mehrjährig, auf Lärchenbäumen. **Bewertung:** der Lärchen-Baumschwamm erlangte große Bedeutung in der Volksheilkunde und wurde zuletzt zur Bereitung von Bittergetränken verwendet.

Krause Glucke - Sparassis crispa

Fruchtkörper: kugelig, stark verzweigt mit abgeflachten krummen Zweigen, zuerst sahnefarben, später blaß lederfarben. **Vorkommen:** Herbst, in Nadelwäldern, meist am Fuße der Bäume. **Bewertung:** guter Speisepilz.

Kammkoralle - Clavulina cristata

Fruchtkörper: Äste verzweigt, kammartig verteilt, Zweigspitzen in mehrere Kleinspitzen unterteilt, weiß. **Vorkommen:** Herbst, besonders auf Wildwegen. **Bewertung:** wertlos.

Schönhorn - Calocera viscosa

Äste verzweigt, kurzgezähnt, zäh-gallertartig, gelb-rotorange. Basis wurzelartig verlängert. **Vorkommen:** Sommer/Herbst, in Nadelwäldern, vorwiegend auf morschen Strünken. **Bewertung:** wertlos.

Goldgelbe Koralle - Ramaria aurea

Fruchtkörper: dicht verzweigt, mit zweizähnigen, aufrecht gewundenen Zweigen, orangegelb. **Vorkommen:** vorwiegend in Nadelwäldern, Sommer/Herbst. **Bewertung:** jung eßbar.

Bauchwehkoralle - Ramaria pallida

Fruchtkörper: reichlich verzweigte Äste, sehr dicht stehend, enden in kleingezähnten Spitzen, milchkaffeebraun. **Vorkommen:** vorwiegend in Laub- und Nadelwäldern. Sommer/Herbst. **Bewertung: giftig!**

Hahnenkamm, Trauben-Ziegenbart - Ramaria botrytis

Fruchtkörper: dichtverzweigt, Spitzen typisch dunkelrot. **Stiel:** dick, blaß. **Fleisch:** weiß, Geschmack bitter. **Vorkommen:** Sommer/Herbst, in Laub- und Nadelwäldern. **Bewertung:** jung eßbar, mit Vorbehalt.

Flaschenstäubling - Lycoperdon perlatum

Fruchtkörper: oben kugelig, unten zylindrisch. Oberhaut mit losen, groben, abwischbaren Stacheln und Warzen. Anfangs weiß, dann grüngelb bis lehmfarbig. **Vorkommen:** Sommer/Herbst, in Wäldern. **Bewertung:** bei noch weißem Fleisch eßbar.

Hasen-Bovist - Calvatia caelata

Fruchtkörper: kugelig-birnenförmig, weiß, Oberfläche mit allmählich schwindenden Warzen bedeckt. Der reife Fruchtkörper zerstäubt die braune Sporenmasse und bleibt als Becher übrig. **Vorkommen:** Sommer/Herbst, vorwiegend auf Weidewiesen. **Bewertung:** bei noch weißem Fleisch eßbar.

Erdstern - Geaster

Ein Exemplar der vielartigen Erdsterne. Der junge Fruchtkörper ist geschlossen und springt bei Reife sternförmig auf.

Bischofsmütze - Gyromitra infula

Fruchtkörper: die unregelmäßig auf- und abwärtsgebogenen Lappen sind meist zu zwei oder drei Spitzen nach oben gezogen; zimtbraun-rötlich. **Stiel:** unregelmäßig grubig-faltig, mit feinem weißen Filz überzogen. **Vorkommen:** Herbst, in Laub- und Nadelwäldern, an Wegrändern, in der Nähe von Sägewerken.

Judasohr - Auricularia auricula-judae

Fruchtkörper: unregelmäßig ohrenförmig, gallertartig, lederbraun, violett-grau; in trockenem Zustand knochenhart. **Vorkommen:** das ganze Jahr, besonders im Spätherbst, an alten Holunderstämmen, seltener an anderen Laubbäumen. **Bewertung:** eßbar, in China und Japan als Speisepilz sehr begehrt.

Dottergelber Spateling - Spathularia flavida (obere Reihe links)

Rötende Wurzeltrüffel - Rhizopogon rubescens (obere Reihe rechts)
Dieser Bauchpilz entwickelt sich unterirdisch und durchbricht die Erde; er trägt den Namen Trüffel zu Unrecht.

Halbkugeliger Borstling - Humaria haemisphaerica (untere Reihe links)

Kronenbecherling - Sarcoscypha crassa (untere Reihe rechts)

Tintenfischpilz - Anthurus archeri

Fruchtkörper: anfangs eiförmig-kugelig, weiß; das Rezeptakulum reißt in 5—6 lebhaft rote Arme auf, die anfangs an der Spitze angewachsen sind, sich aber später sternförmig ausbreiten. Dieser exotische, angeblich in Australien beheimatete Pilz ist erst seit einigen Jahren in Europa verbreitet. Von Frankreich kommend, ist er gar nicht mehr so selten in SW-Deutschland anzutreffen, aber auch in der Schweiz und in Italien wird er jetzt gefunden. **Bewertung:** ungenießbar.

Rotbrauner Gallertpilz - Guepina helvelloides

Fruchtkörper: spatel-trichterförmig, mit eingerolltem Rand, orangerot-dunkelrot. **Fleisch:** gelatinös, knorpelig-fest. **Vorkommen:** Sommer/Herbst, vorwiegend in Nadelwäldern, an feuchten, humusreichen Stellen, gesellig **Bewertung:** roh eßbar, Salatpilz.

Gruben-Lorchel - Helvella lacunosa

Hut: unregelmäßig sattelförmig, grau-rußfarbig bis schwarz. **Stiel:** grau, furchig, hohl. **Vorkommen:** Frühjahr, in Laubwäldern, an Wegrändern. **Bewertung:** eßbar nach Abkochen.

Köstliche Morchel - Morchella conica

Hut: spitzkegelig bis oval-eiförmig, Alveolen stark ausgeprägt, gelblich bis rußig-grau. **Stiel:** unregelmäßig, weiß, grubig, am Grunde etwas verdickt. **Vorkommen:** Frühjahr, unter Nadelbäumen, an grasigen Waldlichtungen, auf verletzten Böden. **Bewertung:** ausgezeichneter Speisepilz.

Frühjahrsmorchel, Stockmorchel - Gyromitra esculenta
Hut: gehirnartig gefaltet-gewunden, kastanienbraun-rötlich. **Stiel:** weißlich, dick, etwas grubig, hohl. **Vorkommen:** Frühjahr, in sandigen Nadelwäldern, an grasigen Stellen. **Bewertung:** nach sorgfältigem Abkochen eßbar, jedoch mit Vorbehalt.

Speise-Morchel - Morchella esculenta

Hut: rundlich-eiförmig, gelb-hellbraun, mit weiten wabenförmigen Kammern. **Stiel:** faltig, hohl. **Fleisch:** weiß, brüchig, schmeckt würzig. **Vorkommen:** Frühling, an Wiesenrändern, unter Ulmen und Eschen. **Bewertung:** ausgezeichneter, schmackhafter Speisepilz.

Herkuleskeule - Clavaria pistillaris

Fruchtkörper: keulenförmig, gelblich-lederfarben, faltig-runzelig, Fleisch weiß, schwammig. **Vorkommen:** Herbst, in Laubwäldern. **Bewertung:** genießbar, aber ohne besonderen Wert.

Auf der Nebenseite sind vier Exemplare der vielartigen Becherlinge abgebildet.

Morchel-Becherling - Disciotis venosa (oben links)

Zinnoberroter Kelchbecherling - Sarcocypha coccinea (rechts)

Orange-Becherlng - Peziza aurantia (mitte)

 Aleuria vesicolosa (unten)

Goldgelber Zitterling - Tremella mesenterica

Fruchtkörper: veränderlich in der Form, ohrenförmig bis hirnartig gewunden; lebhaft gelb oder orange. **Fleisch:** gelatinös. **Vorkommen:** ganzjährig, auf Strünken und abgestorbenen Ästen von Laubbäumen. **Bewertung:** wertlos.

Gelbe Lohblüte - Fuligo septica

Schleimige Masse, leuchtend gelb-ocker. Bei Reife löst sich die Masse in braunes Pulver auf; zu geringer Eigenbewegung fähig! **Vorkommen:** Sommer/Herbst, auf faulendem Holz, abgestorbenen Ästen, auf Blättern. Wertlos.

Eispilz, Zitterzahn - Tremellodon gelatinosum

Fruchtkörper: gallertartig, Unterseite mit zapfenartigen Stacheln, Oberseite körnig, schneeweiß, später bräunlich. **Vorkommen:** Spätsommer/Herbst, auf morschen Nadelholzstrünken. **Bewertung:** roh eßbar, Salatpilz.

Milchstäubling - Lycogala epidendron

Abb. Mitte links und unten.
Ein typischer Vertreter der Schleimpilze (Myxomyzeten), in der Farbe variierend bis rostbraun, wächst auf faulenden Strünken.

Alpenrosenäpfel - Exobasidium rhododendri

Fruchtkörper: unregelmäßig höckerige Gallen, mit gelben, weißen oder roten Farbflecken. Fruchtschicht: fein behaart. **Vorkommen:** als Parasit ausschließlich auf der Rostblättrigen Alpenrose (Rhododendron ferrugineum) vorkommend. **Bewertung:** wertlos.

phabetisches Verzeichnis der deutschen Pilznamen

Alphabetisches Verzeichnis der wissenschaftlichen Pilznamen

Weitere Titel für Naturfreunde von
Christoph Mayr

Schnapsfibel
Kräutergeist für Gesunde und Kranke

100 S., 51 Farbfotos, 3 Schwarzweißabbild., 10,5 x 15 cm, kart. — Die Schnapsfibel »ist nicht nur äußerst nützlich zu lesen, sondern auch nett und lehrreich anzuschauen.« (ORF, Studio Tirol)

Kräuterfibel
100 wildwachsende Heilpflanzen

96 S., 100 Farbfotos, 10,5 x 15 cm, kart. — »Dieses Büchlein sollte man immer mitführen bei Wanderungen wie bei Bergfahrten. Der Freund der Natur kann sich an ihm immer wieder freuen.« (Bergwelt)

Südtiroler Naturführer
Charakterbild einer Landschaft

Text von Peter Ortner. 262 S., 284 Farbfotos, 23 Skizzen, 18,5 x 25 cm, lam.Pp. — »Ein Buch, das wirklich Neues über Südtirol bringt.« (Bayerischer Rundfunk)

ATHESIA VERLAG